AF273895

LA BELLEZA ES OTRA COSA

LA BELLEZA ES OTRA COSA

camila mermet

MARESÍA

{Pie de Página}

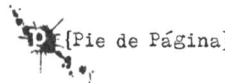

{Pie de Página}

Título original: *La belleza es otra cosa*
Primera edición, 2024

© Camila Mermet
© Diseño de cubierta: José Miguel Rodríguez Montoya
© Diseño y maquetación de interior: Marta Vega

Depósito legal: M-12233-2024
ISBN: 978-84-128718-0-7

Impreso de forma cariñosa en España.

A mi abuela, por enseñarme a soñar.

A Puan, mi facultad y a todas las instituciones públicas que me formaron.

Índice

Prólogo
JUAN ROMEU

Pese a su juventud, Camila Mermet (Buenos Aires, 1998) es una excelente poeta y una magnífica comunicadora y divulgadora de poesía, tanto en redes sociales como en los cursos que imparte. Esto hace que se la pueda considerar una de las mayores *influencers* de la poesía en español, algo que se refleja en el gran número de seguidores que tiene, los cuales, además, frente a los de algunos otros, no son adeptos a la poesía, sino verdaderos amantes de ella (siguiendo la diferenciación de Lorca), con un gusto muy bien educado gracias a la labor de Camila. Yo puedo afirmar que sus cuentas me han descubierto versos que han pasado a estar entre mis favoritos de todos los tiempos; por ejemplo, «la lluvia es una cosa / que sin duda sucede en el pasado» de Borges.

La asombrosa sensibilidad de Camila se hace patente en las acertadísimas elecciones de los poemas de otros que comparte, pero también en los escritos por ella misma, que son extraordinarios, lo que no tendría por qué ocurrir necesariamente: no es del todo común ser a la vez un gran lector y un gran escritor. Pero ella esa facilidad para transmitir lo que otros escriben la tiene también para que se entienda bien en sus escritos lo que siente, a través de un estilo coloquial, conversacional y cercano, aunque extremadamente cuidado.

A generar esa cercanía contribuye su costumbre de incluir anécdotas y datos personales, incluso íntimos, y de su entorno. Nos acerca a Camila y a sus palabras saber que es

> una mujer ordinaria que trabaja espera colectivos abajo de la lluvia lee libros tiene miedo toma café.

En el poema «Cobarde» de *Relicario*, su primer poemario, rebate la idea de que «no se hacen poemas / con anécdotas» demostrando en ese mismo poema, como en otros muchos, que ella aprovecha bien las anécdotas para generar poesía, y cuestionando esa idea que, por ejemplo, Antonio Machado plasmó en los versos «confusa la historia / y clara la pena». Las historias de Camila, lejos de confundir, clarifican perfectamente la pena: toman al lector de la mano y le explican por qué es como es.

En su estreno con el poemario mencionado, *Relicario* —publicado en 2023 en Halley Ediciones (una editorial con exquisito gusto)—, Camila ya daba muestras de un dominio total de su tema predilecto, el amor. Y en el presente poemario, *La belleza es otra cosa*, la cosa no varía; es más, se confirma con versos, al modo aleixandriano de «Quiero amor o la muerte», como

> voy a hablar de amor hasta que muera o me maten.

Para ella el amor es la fuerza mayor, aquello que da sentido. Aunque en *Relicario* aún se mostraba algo prudente:

> no puedo darme entera
> porque no existo de esa forma,

en *La belleza es otra cosa* se deja llevar por su corazón y se decide a pedir demasiado, a amar siempre. Y esos fogonazos en forma de versos sueltos que característicamente conforman sus poemas (como si fueran titulares de prensa independientes con sentido en su conjunto) se convierten en llamaradas que abrasan su corazón y el del lector. Ya lo dice una de sus poetas de referencia, Silvina Ocampo: «Si tengo un corazón es para que arda».

La bondad que se le nota en cada verso no le impide tener «un corazón terco e insistente» ni ser «problemática y escandalosa como un incendio», para el deleite del lector indeciso con sus sentimientos. A veces hacen falta estímulos valientes, alocados, para entender que lo que uno siente no es insensato; a veces hace falta la osadía que derrocha Camila:

> me gusta que el azar nos pueda romper el corazón.

Y así la ausencia, su segundo gran tema (estrechamente relacionado con el amor), no duele tanto; ella sabe qué hacer con la nostalgia. Es cierto que la ausencia marca —«Antes de tu ausencia / yo era alguien», dice en *Relicario*—, pero hay armas contra ella. Por un lado, está el recuerdo, ese recurso para mantener la unión con la persona a la que habría que olvidar mientras no llega el olvido. Pero, por otro lado, están la serenidad y paciencia logradas a través de las tardes de lluvia y las gotas resbalando en los cristales. Por muy mal que lo pase, Camila mantiene la coherencia y sabe que el amor puede fallar sin necesidad de culpables, porque, como dice en *Relicario*, «el dolor no es cuestión de decisiones», «mi dolor no es tu culpa». Es capaz de justificar lo que le hiere, como enseña uno de sus maestros, el ya citado Borges, en el poema «El cómplice».

De esta manera, el amor no correspondido está sobradamente contrarrestado, y, aunque al final es gracias a la ayuda de la gente como consigue cicatrizar las heridas, es ella misma la que se las cura, con las ideas claras desde *Relicario*, cuando ya declaraba que «la soledad pesa menos cuando es una decisión». Sus esfuerzos hacen que deje de ser insoportable saber que la otra persona está viva (como ocurre en el primer poema, «te olvidé y soy olvido») y consigue entender que no pasa nada por que su miedo ahuyente, para acabar comprendiendo que la verdadera belleza está en el amor del que insiste, con el que no hace falta mostrarse optimista ni perfecta:

> imperfecta me erijo ante el precipicio
>
> y
>
> me abrazo esta vez

Hablaba antes del estilo cuidado de Camila; es algo normal en una autora que siente total respeto y veneración por las palabras y su poder. «Cuando las escucho decir / me persigno como los religiosos / me arrodillo / ante ellas», llega a escribir en *Relicario*, después de afirmar que son sagradas para ella. Con este mimo por las palabras y su gran sensibilidad de corazón, es lógico que sea tan capaz de mostrarnos con total nitidez y transparencia la naturaleza de los sentimientos y nos ayude a entendernos tan bien, a resolver nuestra «nebulosa interior».

Por todo esto y más, se puede decir que tenemos ante nosotros a la que sin duda será una de las mejores poetas del siglo XXI. En *La belleza es otra cosa* hay ya evidencias de una genialidad poética que recuerda a la de sus maestros: Pizarnik, Borges, Storni, Ocampo, Idea Vilariño, Peri Rossi... Y esto no solo se aprecia en los poemas, sino en los comentarios que de ellos hace, repletos de citas y reflexiones atinadísimas, propias de quien ha leído mucho y bien.

En fin, en este poemario Camila nos ayuda, como poco, a ver que, si bien es verdad que «el mundo está configurado para aprender que hay cosas que no vuelven a suceder» y que «los golpes de la vida solo enseñan a tener miedo», haber sido libres y perfectos en algún momento quiere decir que podemos

volver a serlo.

JUAN ROMEU

Mi corazón me duele a mí. Y no debiera dolerme a mí,
porque no vive de mí,
ni vive para mí.

Mi corazón, este corazón, única cosa de la que estoy
orgulloso, única fuente de toda fuerza, de toda felicidad
y de todo infortunio. Lo que yo sé cualquiera lo puede
saber; pero mi corazón lo tengo solo yo.

En un mundo cada vez más digitalizado, rápido y alejado de las pasiones, ojalá este libro sea la excusa para detenerse por un momento. No porque lo que hay escrito aquí sea revelador, sino porque el ejercicio de la lectura así lo requiere. Ojalá este libro sea la excusa para compartir con otros y leer en voz alta. Ojalá este libro sea prestado, subrayado y manchado sin querer con café. Porque los libros existen para siempre y solo se despojan de su condición de objeto cuando alguien los elige, los lee y los guarda con cariño en su biblioteca.

Camila Mermet

TE OLVIDÉ Y SOY OLVIDO

hay gente que viaja toda su vida en el mismo tren
                              [y nunca se entera ¿sabías?
me gustan esos encuentros
me gusta que el azar nos pueda romper el corazón
porque ahí ¿a quién le echás la culpa?

le pedí a un cura que escuche mi confesión
me dijo que dios no tiene nada que ver
la gente que reza lo hace en silencio ¿sabías?
hay plegarias que no tienen respuesta

compré una vela roja
símbolo del amor
por 200 pesos en una santería
la prendí y le pedí:
no te olvides de mí

en el mundo no hay dos personas iguales ¿sabías?
por eso te busco
soy una poeta de la peor generación
escribimos sin fe

voy a hablar de amor hasta que muera o me maten

no dije las últimas palabras

es insoportable
te extraño como si te hubieras muerto
es insoportable
sé que estás vivo

COMENTARIO DE LA AUTORA

Alain Badiou dice en su libro *Elogio del Amor* (2012) que el amor está amenazado. Hay muchas razones que lo llevan a decir esto, pero la que más me impactó es la que dice que las personas no se quieren enamorar por el riesgo que eso implica. Vivimos en una época donde los discursos amorosos se basan en esa idea: dar solo para recibir, tener demostraciones de afecto a cuentagotas, economizar los sentimientos, no exagerar, hablar de sumas y restas.

Este poema es otro elogio del amor. No importa si nos lastimamos, si no nos entendimos, si no nos vimos más; en definitiva importa lo que sentimos, importa que elegimos correr el riesgo. De eso nunca me voy a arrepentir.

COMENTARIO DEL EDITOR

Dice Aurora Luque en «Terraza» de *Problemas de doblaje* (Rialp, 1990) que «el exceso de amor no está de moda». Y tiene razón, hoy hay hasta quienes ridiculizan y critican el amor entregado. En este poema, Camila muestra todo lo contrario; está dispuesta a darlo todo por amor, lo que la lleva hasta a probar con la santería.

Con su estilo de frases sueltas, que se suceden caóticamente reflejando los impulsos de la desesperación, la persona que ama va ganando convicción hasta caer en la cuenta de que es insoportable sentir que la otra persona es como si estuviera muerta, o peor, que, aunque ausente, está viva, lo que recuerda al terrible «No te veré morir» de Idea Vilariño.

Y aun así se transmite una energía poderosa, como en toda la poesía de Camila: ella quiere enterarse del tren en el que va, aunque eso suponga sufrimiento. Qué distinto de otros poemas, como «Te estás muriendo de mí» de Concha Lagos, en el que la poeta cordobesa dice preferir no amar por no sufrir perdido al amado, por no llorarse su ausencia, por no morir de su olvido.

Es verdad que incluso el amor verdadero está expuesto al azar, pero Camila se atreve con todo porque poder encontrar a esa persona distinta con la que soñar sentirse igual a alguien —algo solo posible con el azar, en la línea del «seguro azar» de Pedro Salinas— es lo único que compensa el viaje. Y así solo la muerte conseguirá que se digan las últimas palabras.

CHAVÍN DE HUÁNTAR

el mundo está configurado para aprender que hay cosas
[que no vuelven a suceder

una noche de amor es igual a un solsticio de invierno

juguemos a que sos el sol y mi boca es una ventana que
[podés alumbrar
yo también tallo mi cuerpo para impresionar

¿si te convierto en dios y te construyo templos
[entenderías lo que siento?

no hay evidencias arqueológicas de que fuimos felices acá

lo más cerca que estuve de lo sagrado fue cuando me
[amaron

Chavín de Huantar es un monumento arqueológico ubicado en Perú a pocos kilómetros de la confluencia de los ríos Huachecsa y Mosna. Fue construido y ocupado entre los años 1000 y 300 a. C. Conocí un poco la historia de este lugar cursando Historia del Arte Prehispánico en mi facultad de la mano de docentes maravillosas. En una de estas clases increíbles, recuerdo que vimos en las diapositivas las fotografías de Chavín y quedé fascinada con la historia del Lanzón, un monolito o *wanka* de cuatro metros de altura, que está tallado con diferentes figuras zoomorfas y se encuentra emplazado en su lugar original: una galería interior que se iluminaba en el solsticio de invierno.

Siempre salía maravillada de las clases y me preguntaba: ¿cuánto esfuerzo físico requiere tallar una piedra?, ¿cómo eran las noches?, ¿se veían estrellas que ahora ya no vemos?, ¿qué se sentirá al estar tan conectado con la naturaleza y sus movimientos?, ¿qué sentían cuando llovía?, ¿cómo amaban? Traté de hacerme las mismas preguntas a mí misma para escribir sobre eso.

COMENTARIO DEL EDITOR

Con total acierto, Camila compara las noches de amor con ese momento exacto de un día del año en el que por un hueco de un monumento entra el sol iluminando una determinada figura, como en una película de Indiana Jones. De esta manera tan visual es más fácil entender la importancia de cada momento.

Y, por si esto fuera poco, Camila compara la ventana del monumento con su boca y el sol que la ilumina con la persona amada. Así, para que esos momentos permanezcan siempre en el recuerdo ofrece construir templos en los que la imagen del rayo de sol impactando sirvan de evidencia eterna de la felicidad y se aprecie el carácter sagrado que el amor, principalmente ser amado, tiene. Recuerda a la contemplación de estos versos de «El combate por la luz» de *Metales pesados* (Tusquets, 2001) de Carlos Marzal:

> Conviene contemplar la luz con más paciencia,
> brindarle una atención encandilada,
> el sumiso homenaje con que un bárbaro
> descubre reverente en su aventura
> la tierra que jamás ha visto nadie.

Solo así se vence la pena de que haya cosas que no vuelven a suceder. Nuevamente, Camila —con ese toque suyo fantástico como de cuento de hadas— nos ofrece soluciones para los defectos de la vida.

repito que todo va a estar bien pero me encantaría ser
tu gusto de helado favorito y derretirme en un abrazo
que lo solucione todo

el hambre del mundo el ascenso del mal la guerra
imposible los atentados la injusticia

pido demasiado

si llamo a cualquier hora del día ¿atenderías?

quisiera ser dulce y comprensiva como el silencio
                                        [de las flores
soy problemática y escandalosa como un incendio

en el fondo nada me basta

el olvido es el fracaso del amor

                                        por eso

te voy a amar siempre

CAMILA MERMET

lloro antes de dormir porque no nos entendemos

¿qué voy a hacer con la nostalgia?

como mis padres golpeo las cosas para que anden
nada de esto pasaría si estuvieras acá

entre nosotros el mundo es un pañuelo que nos cubre
                                                    [los ojos

no tengas miedo
yo también estoy enamorada de un recuerdo

dejame entrar y salir de tu vida
saber cosas mínimas que solo saben los que están al
[lado tuyo ahora

llamame una vez al día
decime que los recuerdos a vos tampoco te dejan vivir
un minuto compartido

un minuto únicamente tuyo y mío

CAMILA MERMET

COMENTARIO DE LA AUTORA

Frank O'Hara: poeta hermoso, optimista y alegre de la escuela de Nueva York. Es de esos autores lamparita cuyos libros tener siempre a mano. Es sencillo y cálido, como las mejores cosas del mundo. Este poema lleva el mismo nombre que un poema de él donde hay una frase que recuerdo siempre: «Soy el menos complicado de los hombres, lo único que quiero es amor ilimitado». Hay días que es lo único que quiero decir.

COMENTARIO DEL EDITOR

Nuevamente, Camila muestra versos independientes atropellados, ahora justificados por la emergencia de ver un amor que se evapora.

Con el poema dividido en cuatro partes, la primera, de pasión irreflexiva, empieza pidiendo tener a la persona amada disponible a todas horas, algo que se equipara en su imposibilidad con que se solucionen los grandes males del mundo.

En la segunda, empieza entendiendo que eso no es posible por su forma de ser, pero encuentra soluciones compensándolo con un amor eterno que puede al olvido.

En la tercera, se da cuenta de que el amor no basta para entenderse y que lo que pudo verse como una casualidad (el mundo es un pañuelo) se torna en su contra y se convierte en un pañuelo que tapa y separa. Ya solo queda el recuerdo de lo que pudo haber sido (de un tiempo anterior mejor en esa misma relación o quizá en otra).

Al final se estabiliza y respeta los tiempos: basta con llamar una vez al día. Y se conforma con compartir un minuto al día aunque el único sentimiento que se comparta es la nostalgia de tiempos pasados («Aún te quiero a golpe de recuerdos. / Perdóname. / Intento ir poco a poco librándome de ellos», digo yo en un poema).

La sensación que queda no es esa visión optimista del amor ilimitado de Frank O'Hara, sino una algo pesimista de que ese amor no basta para ser el gusto de helado de la otra persona o para tenerla 24 horas al lado y hay que adaptarse a ella y conformarse con un minuto a su lado, en el que encima simplemente se hablará de no poder vivir por los recuerdos.

Quizá la frase clave del poema (y de la vida) es «¿qué voy a hacer con la nostalgia?». No es fácil hacer frente a solas a la nostalgia, pero no basta con encontrar a alguien a quien contárselo; hay que encontrar a alguien que actualice esos recuerdos y les dé forma de presente, de manera parecida a como propongo yo en estos versos (claramente influidos por José Ángel Buesa): «Y, aunque recuerde a veces cosas que he perdido, / no importa: esos recuerdos solo son ya errores / desde que estoy contigo».

LA TERNURA QUE ME ENSEÑASTE EN EL
MEDIO DE LAS RUINAS

A Soledad, mi mamá

la infancia
es una foto borrosa

el único recuerdo que sobrevive
al paso de los años
es cuando ella agarraba tu mano siempre fría
levantaba el puño de su campera
y te compartía su calor:

una madre siempre ama primero a través del sacrificio

COMENTARIO DE LA AUTORA

Tamara Tenenbaum tiene un poema maravilloso donde dice que hay cosas que para hacerlas poema solo hay que contarlas.

Mi madre me crio sola, no pudo estudiar y siempre tuvo trabajos malos para sobrevivir. Hoy, muchos años después, 25 para ser exacta, está terminando el secundario y trabaja de lo que le gusta. Siempre pienso que soy afortunada de tener la oportunidad de escribir, sacar libros, que la gente me lea y ser reconocida por eso: escribo para sanar la historia de las mujeres de mi familia.

Gracias por el sacrificio, ma. Ojalá leas esto y estés orgullosa de la poeta que criaste.

COMENTARIO DEL EDITOR

La madre como consuelo en los tiempos malos, pero también como ejemplo de que el amor sacrificado existe. Ese tipo de recuerdos sí pueden con la nostalgia.

La ternura es lo que salvará un mundo en ruinas que reniega del amor total.

Es irónico que alguien capaz de dar tanta compañía a una mano siempre fría se llame Soledad, como el opuesto a Soledad Montoya de Lorca (mencionada en su «Romance de la pena negra»), para quien esta mujer tenía nombre acertado, pues representaba la «concreción de la pena sin remedio, de la pena negra de la cual no se puede salir más que abriendo con un cuchillo un ojal bien hondo en el costado siniestro». En el poema de Camila, Soledad es precisamente ese ojal que deja pasar la luz y calienta.

Se une Camila a muchas otras autoras que reivindican que sacar adelante una familia no está reñido con el cuidado y atención. En *Poesía bonita y que se entiende 2* (Maresía, 2024), Berta Algaba le pregunta a su madre: «¿Cómo es dar siempre tu vida por otra persona?».

Para entender bien la relación de Camila con su madre y otras mujeres de su familia, es imprescindible leer el poema «Mi casa es una mujer» de *Relicario*, que contiene versos como estos:

Crecí rodeada de mujeres
    —temprano aprendí del amor—
el abrazo inesperado la contención rutinaria las
risas escandalosas la manta infinita que muchas
noches nos abrigó a todas por igual.

SABÍAS QUE EL DÍA QUE NACISTE LLOVÍA SIN PARAR

en todos mis cumpleaños lloro
los golpes de la vida solo enseñan a tener miedo

tengo un corazón terco e insistente
que no se endureció con los años
al contrario
es cada vez más blando y maleable

yo me acuerdo de vos
pero vos seguís sin acordarte de mí

COMENTARIO DE LA AUTORA

Paul Valéry dice en el libro *Notas sobre poesía* que escribir es resolver una nebulosa interior. Cristina Peri Rossi dice en el libro *La insumisa*, en un relato que se llama «Mi padre»: «No te quise, no pude quererte, no es posible querer a alguien que causa tanto daño, aunque sea un daño inconsciente».

COMENTARIO DEL EDITOR

Este poema me conmueve desde su inicio porque justo tengo yo uno que empieza «como el niño que llora en su cumpleaños» y otro que dice «cada golpe de la vida me parecía una razón más para estar solo». Yo era más blando y esas cosas me endurecían el corazón («ya no siento el corazón», como diría Machado), pero Camila ya ha demostrado que se sabe adaptar al dolor y puede decir con total objetividad y casi frialdad que ella se acuerda de la otra persona aunque esa persona no de ella.

El que sabe que la tristeza es su estado natural (el «estoy triste, pero siempre estoy triste» de Neruda) porque nació un día de mucha lluvia no se altera ante los reveses que entristecen.

CRIAR A UNA MUJER INDEPENDIENTE
TIENE UN COSTO QUE SOLO PAGA ELLA

eso yo lo sé muy bien

era la niña que no estorbaba
por eso soy
la adulta que no estorba

pienso que la única barrera que separa al otro de mí
es el personaje que construí
digo mentiras
                                    mentiras cristalinas
de tanto decirlas se convirtieron en materia viva
es tarde para que algo

dos palabras
un gesto

las atraviese

¿te imaginás lo que hubiera pasado si de niños nos
                              [hubieran amado?

Alejandra Pizarnik escribió en sus diarios: «Y pensó en sí misma y halló solamente confusión. Pero aun así sabía que era necesario escribir porque solo ella podría dar testimonio de algunas cosas por las que vivía. Aun cuando escribiera sobre los ruidos nocturnos, los vagidos de las cosas a medianoche y la tristeza de su ser intacto y no obstante definitivamente deteriorado, ella sabía que tenía que escribirlo. Por eso, aun mirando desde una alcantarilla, le sobrevenía una leve alegría, porque la más desposeída tenía algo que hacer: contar un cuento sin historia y sin explicar por qué su herida mana desde que se recuerda. Es todo lo que sabe. No es mucho. Pero es todo lo que sabe».

COMENTARIO DEL EDITOR

La infancia marca y las mentiras que uno se cuenta para resistir se clavan y son luego muy difíciles de arrancar. En este terrible poema se achacan los desastres en el amor a la falta de amor en la infancia con esa conmovedora pregunta, «¿te imaginás lo que hubiera pasado si de niños nos hubieran amado?», que se puede extender más allá de la relación amorosa: ¿cómo sería el mundo si todos recibieran el amor suficiente en la niñez? Ya lo dijo Amado Nervo: «Cuando planté rosales, coseché siempre rosas».

El amor a tiempo —lo que puede ser simplemente dos palabras o un gesto— evita que haya que construir personajes; y el ser humano, cuando no actúa, es mejor.

¿QUÉ FUE LO MÁS TRISTE QUE TE DIJERON?

no
ninguna palabra
la ausencia que deja el cuerpo de alguien que amabas

ahí hay solo silencio

COMENTARIO DE LA AUTORA

John Biguenet va a decir en su ensayo *Silencio* una frase increíble: «El olvido también es un silencio, si no un secreto».

COMENTARIO DEL EDITOR

El silencio puede ser demoledor si es para mal. La ausencia es silencio. El silencio es vacío e incertidumbre. Así, aunque por la disposición de los elementos al principio del poema podría parecer que es *no* lo más triste que le han dicho a Camila, enseguida rectifica y se ve que en realidad no es ninguna palabra, sino el silencio.

Sigue así la autora la idea de tantos poetas que han temido el silencio, como Olalla Castro cuando dice «Prefiero morir a oscuras que en silencio» en *Bajo la luz, el cepo* (Hiperión, 2018).

ORÁCULO

tal vez,
  al juntarse dos árboles genealógicos rotos nada puede
                                                    [florecer

COMENTARIO DE LA AUTORA

Layo sabía que Edipo lo iba a matar. Edipo sabía que iba a matar a su padre. Antígona conoce la maldición de su linaje. Agamenón mata a su propia hija para tener un viaje exitoso a Troya. Si alguien te anticipara lo que vas a sufrir, ¿lo elegirías igual?

COMENTARIO DEL EDITOR

Si uno ya sabe que en sus genes lleva la sombra del amor, es normal que no funcionen sus relaciones. Es una buena manera de librarse de la culpa de no encajar con nadie. ¿Es bueno arriesgarse sabiendo que se está abocado al fracaso? ¿Quién sabe? Quizá un árbol genealógico roto no significa más que no haber sabido o podido encontrar a alguien de un árbol genealógico compatible con el que sí se pudiera florecer. Hay especies vegetales más singulares y delicadas, pero eso no significa que estén rotas, sino todo lo contrario.

CAMILA MERMET

POSIBILIDAD DE UNA HISTORIA

No existimos en la mayoría de esos tiempos; en algunos
existe usted y no yo
JORGE LUIS BORGES

lavo tu pelo
seco tu espalda
beso tus ojos antes de dormir
cuido tus sueños porque soy parte de ellos
si me acerco te escucho respirar

esto es la intimidad: exponer la fragilidad

te toco y estás tibio
es el calor del hogar que recorre tu sistema circulatorio
    [y se transporta al mío por las guisas de tus dedos si
                     acarician mi cuerpo
te abrazo con asombro
recuerdo la forma de tus hombros
te extraño en los lugares que faltás
lo digo

respondés que me amás
tenemos una casa alegre
los gatos tiran cosas de los muebles
nuestra cama está desordenada
en la alacena siempre hay té

el florista del barrio nos conoce
nos conmueve la belleza del color por más que sea breve
compartimos el sentimiento nostálgico de observar
                                    [algo bello morir y renacer

estamos juntos ahora
vas a llegar

lo escribo para que exista
le otorgo a las palabras el don que nadie posee:
transformar el tiempo

es mentira
no estamos juntos
pero al principio de este poema sí

no vas a llegar
pero en este poema te estoy esperando

Jorge Luis Borges tiene un cuento extraordinario, llamado *El jardín de los senderos que se bifurcan*, donde vemos el mundo y el tiempo desde la perspectiva del personaje principal, Ts'ui Pên. En palabras del escritor: «A diferencia de Newton y de Schopenhauer, no creía en un tiempo uniforme, absoluto. Creía en infinitas series de tiempos, en una red creciente y vertiginosa de tiempos divergentes, convergentes y paralelos. Esa trama de tiempos que se aproximan, se bifurcan, se cortan o que secularmente se ignoran, abarca todas las posibilidades». ¿No es romántico creer que el desencuentro que muchas veces nos rompe el corazón es simplemente algo que nos tocó vivir, algo azaroso, y que existe una trama diferente donde las cosas son exactamente al revés?

COMENTARIO DEL EDITOR

El poema inventa de forma parecida a un sueño una historia y casi consigue que sea cierta. ¿Qué hay de distinto entre escribir algo que se vivió o algo que no se vivió? Puede haber muchas vidas y escribir inventando puede ser la manera de acceder a todas. El problema del poema es que, como un sueño, necesariamente tiene que acabar en algún momento.

ESO NO LO DIJO FRIDA KAHLO

amá a quien te mire como si fueras magia
reza una remera

en profundo desacuerdo
pienso yo

me gustaría que me miren

como lo que soy
nada más y nada menos

una mujer ordinaria que trabaja espera colectivos abajo
             [de la lluvia lee libros tiene miedo toma café

amo a quien me mira a los ojos porque no espera
             [ningún artilugio más que creer en ellos

entiendo igual
es demasiado largo para una remera

COMENTARIO DE LA AUTORA

—Y usted, ¿a qué se dedica?
—Soy poeta.
— Hmm (demostrando interés), ¿y de qué escribe?
—Cualquier cosa. Nada es importante

Vicente Luy

COMENTARIO DEL EDITOR

Con deliciosa ironía se ríe Camila de sí misma al verse filosofando y protestando ante una inocente frase de una remera (o camiseta). Es cierto que esas frasecillas suelen ser pretenciosas, ñoñas y reduccionistas, pero no molestarían a alguien que no llevara, como Camila, mucho tiempo dedicado a resolver sus problemas internos sobre la naturaleza del amor verdadero. Y, claro, molesta ver que se difunden mensajes engañosos de amor mágico cuando, efectivamente, el amor es simplemente creer en los ojos del otro. Qué bien plasmada está esta idea en el poema y qué capacidad tiene esta mujer «que espera colectivos» para ganarse al lector mostrándose como una persona normal que solo sufre cuando se ve afectada por las incongruencias de la vida, como que buscar un amor normal sea más difícil que encontrar uno mágico (pero eso es solo porque el normal va a ser eterno y necesita más tiempo para consolidarse).

CORPUS DE LA AUSENCIA

como una ráfaga
me gustaría verte
y que seas vos

siempre creo verte
pero nunca sos

¿cuántas personas
que se amaron
habrán caminado por estas calles?

¿cuántas personas
se habrán besado contra una pared oscura como si
fuera lo más urgente del mundo ridiculizando a los
economistas que hablan del dólar?

¿cuántas?

yo solo nos recuerdo a nosotros dos

Roland Barthes va a decir en su libro *Fragmentos de un discurso amoroso,* más precisamente en la figura «El ausente», lo siguiente, y cito: «No hay ausencia más que del otro: es el otro quien parte, soy yo quien me quedo. El otro se encuentra en estado de perpetua partida, de viaje; es, por vocación, migratorio, huidizo, yo soy, yo que amo, por vocación inversa, sedentario, inmóvil, predispuesto, en espera, encogido en mi lugar, en sufrimiento, como un bulto en un rincón perdido de una estación»; y en la figura «La espera» escribe: «"¿Estoy enamorado? —Sí, porque espero". El otro, él, no espera nunca. A veces, quiero jugar al que no espera; intento ocuparme de otras cosas, de llegar con retraso; pero siempre pierdo a este juego: cualquier cosa que haga, me encuentro ocioso, exacto, es decir, adelantado. La identidad fatal del enamorado no es otra más que esta: yo soy el que espera».

Con estas citas quiero decir que estos poemas nacen de la ausencia y de la espera. Julio Cortázar un día me rompió el corazón en una cafetería con su poema «El futuro», que empieza: «Y sé muy bien que no estarás / No estarás en la calle / en el murmullo que brota de la noche / de los postes de alumbrado / ni en el gesto de elegir el menú / ni en la sonrisa que alivia los completos en los subtes / ni en los libros prestados / ni en el hasta mañana / No estarás en mis sueños / en el destino original de mis palabras / ni en una cifra telefónica estarás / o en el color de un par de guantes / o una blusa».

COMENTARIO DEL EDITOR

La idea de que el otro no esté es angustiosa, es algo dolorosamente incontrolable para alguien que haría cualquier cosa por que no fuera así.

Aprender que, por muy enamorado que se esté, no se tiene poder para hacer que aparezca la otra persona y que otras personas también se aman y se aman bien, en los mismos lugares, es algo a lo que la vida obliga.

«Olvidar solo es / dejar el amor en su sitio», dice Elisa Fernández Guzmán en «Después del pop» (Rialp, 2024). La vida enseña a pasar del «solo nos recuerdo a nosotros dos» a saber dejar el amor donde ocurrió. Y asumir que la persona ya no estará. Pero qué triste es aceptar que nos separe la vida y no la muerte, como dice Eduardo Gregori en «Te debía un poema (para Janeth)» en *Poesía bonita y que se entiende* (Maresía, 2023), o que «la vida es siempre más larga que el amor», como decía Ricardo Molina en su «Elegía X».

LA LLUVIA BORRA LA MALDAD Y LAVA
TODAS LAS HERIDAS DE TU ALMA

la lluvia es la confirmación de la melancolía y la
                              [distancia:
algo está sucediendo
no estás conmigo
y no puedo contártelo

¿vos también mirás cómo caen las gotas en la ventana
para aprender sobre la paciencia?

llueve le decís a ella
y le das un beso

llueve te dice ella
y te abraza fuerte como quien aún tiene esperanza en
              [que dos corazones distintos se encuentren

lo entiendo
ella es distinta
es mejor

no comete errores
disfruta de lo bello, tiene esa cualidad
no lo arruina por miedo

CAMILA MERMET

Este poema tiene el título por una canción —*Quedándote o yéndote*— de Luis Alberto Spinetta, músico y compositor argentino que me ha acompañado a lo largo de toda mi vida.

Borges escribió sobre la lluvia «cae y cayó / la lluvia es una cosa / que sin duda sucede en el pasado». También Cristina Peri Rossi «no quisiera que lloviera / te lo juro / que lloviera en esta ciudad / sin ti», o Sylvia Plath «aunque la lluvia sea neutral, aunque la lluvia sea impersonal, para mí se ha convertido en un sonido evocador y triste», y Fernando Pessoa «hace falta ser infeliz de vez en cuando / para poder ser natural / No todo es días de sol / y la lluvia, cuando escasea, / se pide». Siento que todas estas citas explican de una manera u otra por qué cuando llueve todos sentimos que somos poetas.

COMENTARIO DEL EDITOR

Camila se une a los grandes poetas que han encontrado en la lluvia la inspiración para escribir grandes poemas. Entre ellos, Borges con los espectaculares versos que se citan en el comentario.

La lluvia para ella es la confirmación de que la persona se fue, como si llover no fuera sino la corporeización de la barrera invisible que marca la ausencia. La otra persona sigue aun así estando presente en los pensamientos («se sigue sabiendo / lo que la otra persona opinará / de las últimas noticias, / de los últimos sucesos», digo yo en un poema que empieza «Lo malo es que no se deja de querer»). Y estar encerrado en casa por la lluvia hace que uno tenga demasiado tiempo para pensar.

¿Estará la otra persona aprendiendo también de las gotas del cristal a dejar pasar el tiempo? Más probablemente, piensa la persona que aún quiere, estará abrazada a otra con la que conecta mejor y con la que hasta la lluvia es motivo de disfrute y encuentro.

Con una objetividad estremecedora, presenta Camila toda esta divagación en la que la lluvia ayuda a asumir la derrota, a lavar las heridas.

«Siempre debe llover en el poema; pero la lluvia / debe oírse, no decirse», dice Martín López-Vega en unos versos de *Mácula* (DVD Ediciones, 2002). Desde luego, en el poema de Camila la lluvia se oye, y, lo que tiene más mérito, entre las gotas se oyen las lágrimas contenidas.

CAMILA MERMET

YO ME ARREGLO POR SI TE CRUZO VOS YA NO PENSÁS EN MÍ

te maquillás rápido en los baños de las cafeterías
te ponés perfume barato
hay que retocarlo cada dos minutos para que alguien lo
[huela

deseás ser inolvidable

te acomodás un poco el pelo
hoy no es tu mejor día de flequillo
mezclás el gloss ciruela con el rojo mate
aprovechás también para usarlo en los cachetes
todo te impacienta
ese vestido no te queda tan bien

cómo te esforzás para que tus gestos no parezcan
[premeditados
en realidad lo son
cómo te esforzás decorando tu cuerpo como si fuera
[una guirnalda

te mintieron
nadie descubrió cómo ocultar la tristeza

cuando te mire
se va a dar cuenta de los ornamentos

¿Orfeo volvería a mirar a Eurídice?

no aceptás que nadie te quiera
sos la que siempre espera un gesto que rechaza después
¿para qué construir murallas?

vos tampoco te esforzarías tanto por alguien
o tal vez sí
y eso es lo que en el fondo te duele
que nadie te quiera tanto
como para insistir
insistir
insistir
insistir
hasta que algo se rompa
y digas solo que sí

sin arreglar nada

Lourdes López, poeta contemporánea y amiga, tiene un poema fantástico que dialoga un poco con la sensación de este poema: «Siempre quise ser una chica cool / viajar en auto por la autopista / con la música al palo / mientras las flores / me pasan por el pelo / y el sol radiante oculta mi cara / siempre quise ser una chica cool / que los chicos se acuerden de mí / cuando ni siquiera yo lo haga / siempre quise ser una chica cool / pero aparentar no serlo / esencialmente cool / oculta culta cool / una chica cool en un mundo cool / donde nadie se preocupa de nada / que mi nombre suene distinto / entre todas las demás palabras».

COMENTARIO DEL EDITOR

Maravilloso poema en el que Camila refleja a la perfección la lucha interna, contradictoria como todas, en la que una quiere arreglarse para gustar, pero a la vez se resiste a gustar y a la vez sufre por no gustar. Está todo perfectamente reflejado en esa muralla que uno construye de forma aparentemente incoherente, pero que tiene todo el sentido porque ahora solo interesa quien tenga interés suficiente como para atravesar un muro. Quien quiera insistir una y mil veces.

Y así no pasa nada porque sea imposible ocultar la tristeza: la persona que llegue debe saber que está ahí y, sin querer arreglarla, debe decir sí.

No debería ser tan complicado el amor, pero hay momentos en la vida en los que este «alocado» proceso puede ser la única fórmula para llegar a encontrar a alguien para el que acabemos siendo realmente inolvidables. Ya se sabe lo que decía Dulce María Loynaz:

Si me quieres, no me recortes:
¡quiéreme toda… o no me quieras!

DICIEMBRE EN BUENOS AIRES

parte 1

verte es creer en todas las películas románticas que me
                                        [gustan
las diagonales de Buenos Aires siempre nos encuentran
                [en el medio y nos exigen romanticismo
nosotros se lo damos

no me digas que no pensás en mí

un abrazo en Plaza de Mayo mientras el sol cae alivia el
                                [corazón preocupado
cubrís la historia con besos mientras alguien la
                                [amenaza con fuego
en esa ternura habría que detenerse

ojalá este momento durara para siempre

hoy vi a alguien correr un tren como si fuera el último
venía otro después

nadie quiere llegar tarde

si esto es el fin del mundo
llamame igual
quiero saber cómo estás

parte 2

cierro los ojos para pensar en vos
los recuerdos son nuestro único secreto
y yo no me canso de verlos

felicidad *aterciopelada*

el mundo estalla por los aires
cierro los ojos
los genocidas se ríen desayunando
cierro los ojos
la gente no entiende
cierro los ojos
mis amigos me abrazan y dicen que va a estar todo bien
cierro los ojos

si sigo viviendo es porque puedo recordar esos tiempos
donde fuimos felices

fuimos libres y perfectos

digo que vamos a volver a serlo

Hay personas que no aman el lugar donde nacen. No es mi caso. Buenos Aires es una ciudad maravillosa. Es colorida los días de sol, sepia los días de lluvia, cualquier escenario le queda bien. La comida es deliciosa. La gente es simpática, divertida y prioriza las cosas sencillas de la vida. Mi ciudad no es perfecta, pero tiene mucho potencial para serlo. Los museos infinitos, las bibliotecas. El fútbol. Los bares. Las personalidades que han nacido en este suelo. Siempre algo está pasando en Buenos Aires. Siempre hay alguien que te está esperando. En una ciudad tan grande nunca me sentí sola. Por eso la quiero tanto.

César Fernández Moreno en su poema *Argentino hasta la muerte* va a decir: «Che patria que volás entre cielo y tierra como pájaro entre sus dos alas / yo te voy a decir lo que necesitás / necesitás muchos hijos insolentes calaveras / generaciones de hijos desalmados / que te quieran que te odien furiosamente / que te tomen como una curva cerradísima / que te tomen como una copa de cicuta / que te tomen la mano la cintura / yo pongo sobre vos y nada más que sobre vos todo mi cuerpo / a esta luz me dieron a esta luz me doy / y bueno soy argentino».

Con diciembre vuelve la Camila convencida que sigue pensando que un amor tan real no puede acabar. Y se alía para ello con los recuerdos, que es algo que se sigue compartiendo, que, se quiera o no, sigue uniendo.

Basta con cerrar los ojos mientras el mundo sigue su camino en un futuro separados. Mientras se puedan seguir recordando esos momentos de felicidad, durarán para siempre, uno podrá estar siempre detenido en la ternura (para Camila los recuerdos son muy reales, no tienen esa «textura del sueño» que, por ejemplo, tienen para Gioconda Belli).

Y el poema termina con un convencido «digo que vamos a volver a serlo», que se entiende como una reconciliación, pero que no pasaría nada por que significara volver a ser libres y perfectos ahora en la distancia, con otra persona o sin nadie.

DOS PERSONAS QUE SE ENAMORAN SON DOS NIÑOS QUE COMPARTEN EL MISMO ESCONDITE

A BRUNO URETA

te construí una casa a la que siempre podés volver
es como la que dibujabas cuando eras chico
de paredes altas y ventanales anchos
tiene muebles de algarrobo siempre limpios
queda en el medio del bosque secreto que nuestros
[corazones conocen

como respirar antes de nadar
el tiempo se detiene cuando cruzás la puerta

dos que siempre estuvieron corriendo necesitan un
[lugar donde descansar con los ojos cerrados
vos entendés lo que quiero decir con esto
vos siempre entendés

le compro flores todas las semanas y las cuido
le cambio el agua a los floreros
tiene olor a sándalo, jazmines y tostadas

no es minimalista
es colorida y eléctrica como el primer beso adolescente

te construí una casa a la que siempre podés volver
silenciosa
para que no haga falta huir
te espera siempre que quieras
te di la llave el día que nos conocimos
y te juro por lo que quieras
te doy mi palabra
nunca le voy a cambiar la llave

COMENTARIO DE LA AUTORA

Una casa y un deseo que Alejandra Pizarnik supo explicar a la perfección: «Ven a vivir conmigo. Tendremos todos los libros de poesía que existen en el mundo. Toda la música. Todos los alcoholes que arden en los ojos y corroen el odio. Nos embriagaremos hasta oscilar como seres de una materia fosforescente, y diremos tantos poemas que nuestras lenguas se incendiarán como rosas».

COMENTARIO DEL EDITOR

Este poema tiene imágenes espectaculares. Empezando por el título: cómo recuerdo esa complicidad que te daba esconderte en el mismo sitio que otro junto al morbillo compartido de que te descubrieran.

Pero también está esa entrada en la casa como quien respira antes de nadar o esa comparación de la casa con el primer beso adolescente.

Así, entre colores, olores y cariño, Camila construye una casa a la que habría que estar muy loco para no querer ir, pero a la que por desgracia parece que quien tiene que ir no va, y no porque no entienda. Hay gente que prefiere estar siempre huyendo y no tienen la culpa; lo malo es que enamoran antes de huir.

CÓMO ERA CUANDO ME ABRAZABAS

imagino
intento
rememoro
ejercito la memoria precisa

nada sustituye el sentimiento

Dos poemas de Miguel Hernández en su *Romancero*: «En este campo / estuvo el mar / alguna vez volverá / si alguna vez una gota / roza este campo, este campo / siente el recuerdo del mar / alguna vez volverá» y «No pudimos ser. La tierra / no pudo tanto. No somos / cuanto se propuso el sol / en un anhelo remoto… / Cansado de odiar, te amo. / Cansado de amar, te odio». Me gusta creer que un poema es una conversación de a dos, infinita, donde ningún interlocutor se aburre: nunca lo conocí, pero entiendo de lo que habla.

COMENTARIO DEL EDITOR

Este breve poema parece un intento infructuoso de eliminar el sentimiento para evitar recordar. Pero a la mínima gota se sigue recordando el mar.

Aunque eso sonaría triste, la sensación ambigua que se queda es que no hay nada mejor que ese sentimiento, que no hay un deseo real de eliminarlo.

«¡Tenías que romperte o que arrancarme!», dice Bécquer en un poema para explicar por qué «no pudo ser» un amor (similar al «no pudimos ser» de Miguel Hernández). En los poemas de Camila la sensación que da es que, sin romperse la persona amada, no consiguió arrancar a Camila y ahora sigue en pie pese a que el amor pasó de largo.

AMULETO

me amordacé la boca
me hice marcas secretas en la piel
las mujeres crecemos con una sombra oscura que
                              [rompe los espejos

imperfecta me erijo ante el precipicio

y

me abrazo esta vez
porque la belleza es otra cosa

Mario Benedetti escribió: «Si quiero rescatarme / si quiero iluminar esta tristeza / si quiero no doblarme del rencor / ni pudrirme de resentimiento / tengo que excavar hondo / hasta mis huesos / tengo que excavar hondo en el pasado / y hallar por fin la verdad maltrecha / con mis manos que ya no son las mismas». O Susana Thénon: «Me he casado conmigo / me he dado el sí / un sí que tardó años en llegar / años de sufrimiento indecibles / de llorar con la lluvia / de encerrarme en la pieza / porque yo —el gran amor de mi existencia— / no me llamaba / no me escribía / no me visitaba / y a veces / cuando juntaba yo el coraje de llamarme / para decirme: hola, ¿estoy bien? / yo me hacía negar». Octavio Paz: «Para que pueda ser he de ser otro / salir de mí / buscarme entre los otros / los otros que no son si yo no existo / los otros que me dan plena existencia, no soy, no hay yo, siempre somos nosotros». Y por último Silvina Ocampo: «Soy todo, pero nada, nada es mío / ni el dolor, ni la dicha, ni el espanto / ni las palabras de mi canto».

No creo en el amor propio como método de sanación, no creo que amarme a mí misma tenga mucho sentido. La realidad es que me caigo mal muchas veces, no me entiendo y no me soporto. Si logré reconciliarme con esas cosas fue por la gente que me rodea. Que me amen, me cuiden y me acepten como soy fue la única razón por la cual hoy me quiero un poco más. Si merezco el amor de esas personas tan maravillosas, tal vez merezco otras cosas buenas. Eso y la poesía.

COMENTARIO DEL EDITOR

Finalmente, Camila se abraza a sí misma. Y todo gracias a que los que la rodean y la poesía le mueven los brazos para que lo haga.

Generalmente, empeñarse en un amor no es estar enamorado, es haberse olvidado de uno mismo y creer que esa ausencia se cubre con la otra persona. Pero no: no se puede cubrir ese hueco con otro, tiene que cubrirse con uno mismo. Igual que una herida se cubre con la propia carne. Lo que sí es necesario es que otras personas nos ayuden a que esas heridas cicatricen e impidan que se nos escape más parte de nosotros. Como dice la propia Camila en «Escribir» de *Relicario*:

> yo siempre me sentí a salvo
> entre la gente
> en un poema que no escribí yo
> en un abrazo
> en la multitud

Para recuperarse no es necesario amarse uno mismo; es necesario tener gente fuera que nos recuerde los motivos para cerrar las heridas y vivir, como, por ejemplo, los lectores de poesía tenemos a Camila y sus versos.

Nacida en Buenos Aires y criada en una familia de mujeres trabajadoras, CAMILA MERMET (1998) es poeta, tallerista, gestora cultural y estudiante de Historia del Arte de la UBA. Su primer poemario, *Relicario* (2023), lo editó con Halley Ediciones. Es parte de Un Libro Una Casa, colectivo autogestivo e independiente donde se milita el acceso a la poesía y a la literatura. Editaron dos anuarios de poesía contemporánea donde hay poemas de personas de todo su país. Organiza el ciclo de poesía «Vermú & Poesía» y el taller anual «Lo importante es el sentir».

Todas las er*r*atas de este libro
han sido colocadas estratégicamente.